Les Carnets
de la
Cabane  Magique

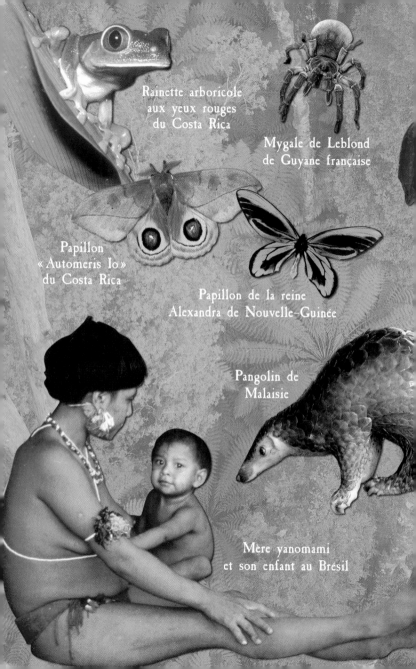

Rainette arboricole
aux yeux rouges
du Costa Rica

Mygale de Leblond
de Guyane française

Papillon
« Automeris Io »
du Costa Rica

Papillon de la reine
Alexandra de Nouvelle-Guinée

Pangolin de
Malaisie

Mère yanomami
et son enfant au Brésil

Cabosses de cacaotier
de la république
de Trinité et Tobago

Grenouille dendrobate
de Guyane française

Anaconda vert
d'Amazonie

Singe-araignée laineux
du Brésil

Piranha rouge
d'Amazonie

Caïman à lunettes d'Amazonie
avalant un piranha

Enfants yanomami
au Brésil

Fourmi légionnaire du Costa Rica

Ocelot
d'Amazonie

Les forêts tropicales

À Shana Corey.

L'éditeur remercie vivement Marc Beynié, conseiller scientifique, journaliste à *Images Doc*, pour sa relecture scientifique.

Titre original : *Rain forests*
© Texte, 2001, Mary Pope Osborne et Will Osborne.
© Illustrations, 2001, Sal Murdocca.
Publié avec l'autorisation de Random House Children's Books,
un département de Random House, Inc., New York, USA.
Tous droits réservés.
Reproduction même partielle interdite.
© 2009, Bayard Éditions Jeunesse pour la traduction française
et les illustrations de Tom et Léa.

Réalisation de la maquette : Isabelle Southgate.
Illustration de couverture et illustrations intérieures : Philippe Masson.

Loi n° 49-956 du 16 juillet 1949
sur les publications destinées à la jeunesse.
Dépôt légal : septembre 2009 – ISBN 13 : 978-2-7470-2803-5
Imprimé en Italie

Les forêts tropicales

Mary Pope Osborne
et Will Osborne

Traduit de l'américain
par Éric Chevreau

Illustré par Sal Murdocca
et Philippe Masson

bayard jeunesse

Cher lecteur,

Tu as aimé nos aventures « Sur le fleuve Amazone » ? Tu voudrais en apprendre davantage sur la forêt qu'il traverse ? Alors ce guide est fait pour toi !

Comme nous sommes très curieux, nous avons cherché à en savoir plus sur cet extraordinaire milieu naturel. Nous avons consulté des sites sur Internet, feuilleté des livres à la bibliothèque, visité des musées et des parcs zoologiques.

(Tu trouveras à la fin du guide la liste des documents et des sites que nous avons utilisés.)

Ce livre est le résultat de nos recherches, illustré de nombreux dessins et photos. Quand tu l'auras lu, tu seras incollable sur les richesses de la forêt tropicale humide.

Prêt à affronter les créatures de la jungle ? Alors, fais un saut de quelques milliers de kilomètres, et plonge-toi avec nous dans cet univers fascinant !

Tes amis
passionnés
de géographie,
Tom et Léa.

Équa... quoi ?

Équatoriale !

L'équateur est une ligne imaginaire qui partage la Terre en deux hémi-sphères. La zone équatoriale est située de chaque côté de l'équateur tout autour du globe. Elle s'étend sur la partie nord de l'Amérique du Sud, le centre de l'Afrique noire, l'Asie du Sud-Est, la Nouvelle-Guinée, une partie de l'Australie et de nombreuses îles du Pacifique.

La Terre

Tropique du Cancer

Équateur

Tropique du Capricorne

Les forêts qui poussent dans ces régions sont un véritable paradis naturel. Les arbres y sont gigantesques ; les plantes, uniques ; les animaux, étranges et les insectes, géants ! On y trouve la fleur la plus grande de la planète, ainsi que la plus petite grenouille… et la plus grosse araignée.

Même si elles sont habitées par des espèces différentes, les forêts de la zone équatoriale ont toutes des points communs.

1. Il pleut beaucoup.

Pratiquement tous les jours, de violents orages éclatent.

Il tombe 2 m d'eau par an en moyenne, jusqu'à 10 m parfois, beaucoup plus que pour la ville de Brest, en Bretagne (une région pourtant très arrosée). C'est pourquoi l'on parle aussi de forêt tropicale pluviale ou humide.

2. Le taux d'humidité est très élevé.

Il s'agit de la quantité de vapeur d'eau contenue dans l'air. Même lorsqu'il ne pleut pas, on est moite.

Cycle de l'eau dans la forêt équatoriale

L'air humide forme les nuages.

La pluie tombe.

La vapeur d'eau s'échappe dans l'air.

Les racines absorbent l'humidité.

3. Il fait très chaud.

La température est comprise entre 25 °C et 33 °C tout au long de l'année.

4. Il n'y a pas grande différence entre l'hiver et l'été.

Il fait chaud et humide quelle que soit la saison.

Forêt équatoriale ou tropicale humide

Beaucoup de pluie - Fort taux d'humidité

Températures élevées - Pas de saisons

L'Amazonie

La plus vaste des forêts tropicales se situe en Amérique du Sud : c'est l'Amazonie, du nom du fleuve Amazone qui la traverse (et que descendent Tom et Léa dans le cinquième tome de leurs aventures). Cette forêt couvre une zone immense, grande comme les trois quarts de l'Europe, soit 4 millions de km^2 ! Et elle comprend la plus grande variété d'espèces au monde.

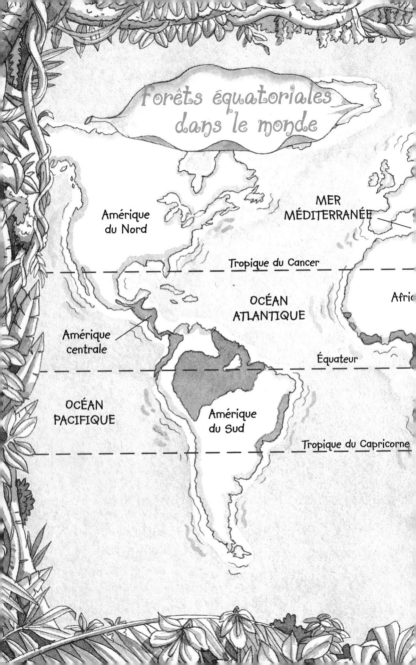

Du monde à tous les étages

Une forêt équatoriale est comme un immeuble. Chacun des « étages », appelés strates, accueille différentes espèces animales et végétales.

L'étage : la canopée

Le feuillage des arbres forme une sorte de toit à plus de 35 m au-dessus du sol : c'est la canopée. À ce niveau règne une intense activité ! Les oiseaux piaillent, les singes hurlent et les grenouilles coassent toute la journée.

On peut entendre un singe hurleur à 5 km à la ronde.

Singe hurleur en Amérique du Sud.

Il faut dire que la plupart des habitants de la forêt vivent ici. Et tout ce petit monde se nourrit de feuilles, d'insectes, de noix et de fruits. Certains animaux passent leur vie entière sans jamais toucher terre !

Quelques arbres, les « émergents », dominent la canopée. Leur hauteur excède parfois celle d'un immeuble de vingt étages soit environ 70 m !

La harpie féroce vit dans les forêts d'Amérique du Sud et d'Amérique centrale.

La harpie féroce, le plus grand des aigles, vit perché au sommet des arbres « émergents » qui dépassent la canopée.

Le sous-étage

C'est l'étage inférieur de la forêt. Il y fait sombre car le feuillage de la canopée est si serré qu'il empêche les rayons du soleil de percer.

Les arbres sont moins hauts. Certains sont des arbrisseaux, qui vont grandir et faire partie de la canopée. Mais la plupart ne dépasseront pas cinq mètres.

Diverses espèces de chats sauvages y habitent, ainsi que toutes sortes de chauves-souris, de hiboux, de singes, de serpents et de lézards.

Les ocelots ressemblent à de gentils chats domestiques... en deux fois plus gros.

Le rez-de-chaussée

Le tapis forestier, le sol, est constitué de feuilles en décomposition. Entre les troncs géants des arbres poussent quelques fougères et buissons. L'obscurité est encore plus grande qu'au sous-étage.

C'est aussi un monde où règne le silence : les animaux sont peu bruyants. Ici, les jaguars, les ocelots, rôdent en quête de nourriture, les

Les étages de la forêt équatoriale

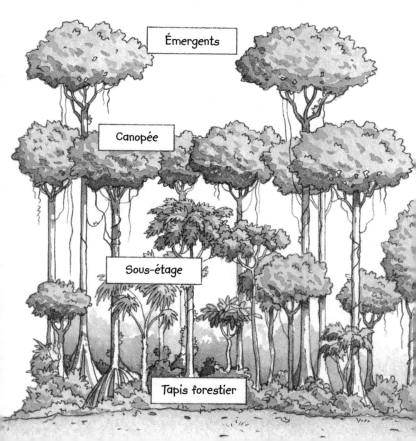

serpents se faufilent parmi les racines et les insectes sillonnent les feuilles mortes.

Chaque étage de la forêt est un univers à part. Pourtant, les espèces sont liées par des relations étroites. C'est ce qu'on appelle l'interdépendance.

Tourne la page pour découvrir un exemple d'interdépendance.

Par ici...

L'interdépendance du figuier, de la guêpe du figuier, des singes et des oiseaux

1. Une minuscule guêpe vient pondre ses œufs dans une fleur de figuier. Elle transporte du pollen jusqu'aux fleurs d'un autre figuier.

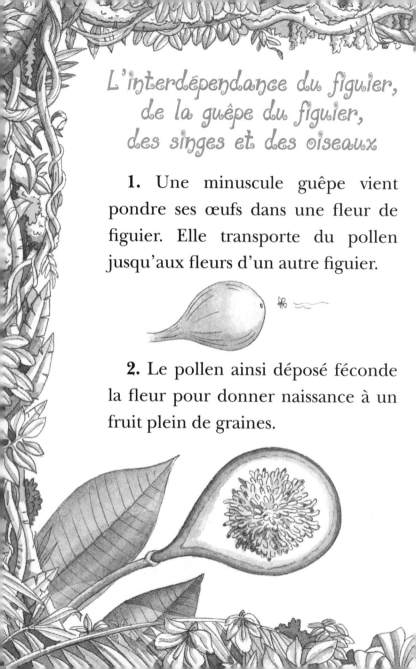

2. Le pollen ainsi déposé féconde la fleur pour donner naissance à un fruit plein de graines.

3. Les singes, les chauves-souris et les oiseaux mangent le fruit et sèment les graines plus loin quand ils font leurs besoins.

4. Un nouveau figuier pousse à l'endroit où ces graines ont germé.

Les plantes tropicales

Les forêts tropicales abritent plus de la moitié des espèces végétales de la planète. Toutes n'ont pas encore été répertoriées. Mais celles que nous connaissons ont de quoi nous étonner !

Il y a des plantes carnivores qui dévorent des insectes, des plantes aux fruits plus longs que des battes de baseball, et d'autres aux fleurs plus grandes que des roues de bicyclette !

Fleur géante de rafflesia.

25

Épiphytes

Les racines de ces plantes ne se fixent pas dans le sol, mais à la surface des arbres. Grimpant le long des troncs, elles montent le plus haut possible, à la recherche de la lumière.

Un arbre peut ainsi servir de support à plus de cinquante espèces d'épiphytes.

Les orchidées sont des épiphytes. Il en existe 20 000 espèces dans le monde.

Orchidée tropicale.

Les plantes grimpantes

Celles-ci s'enracinent dans le sol mais doivent également s'attacher à un support pour atteindre la lumière.

Les lianes sont les plantes grimpantes les plus connues. Certaines ont des tiges tellement épaisses qu'on dirait des troncs d'arbres tordus.

Liane.

Cette liane est parfois surnommée « échelle à singe ».

27

Souvent, les lianes forment une passerelle entre deux arbres. Elles facilitent alors le déplacement des singes, des écureuils, des serpents et autres animaux qui se balancent de branche en branche.

Petit orang-outan d'Asie.

Les plantes du sous-étage et du sol
ont souvent des feuilles énormes !

Plus les feuilles sont larges,
plus la plante capte de lumière.

Les champignons

Certaines plantes n'ont pas besoin de lumière. Ce sont les mousses et les champignons.

Champignons polypores.

Les champignons se nourrissent des déchets animaux et végétaux. Ils poussent pour la plupart sur le tronc d'arbres morts et sur le sol.

Tourne la page pour découvrir nos plantes tropicales favorites.

Par ici...

Les népenthès

Ces plantes carnivores ont la forme de vases dans lesquels s'accumule l'eau de pluie. Leurs parois sont très glissantes. Gare à l'insecte qui s'aventure dessus ! Il risque de glisser et de se noyer, servant ainsi de nourriture au népenthès.

On trouve les népenthès en Asie du Sud-Est et en Australie.

Certaines de ces plantes
contiennent jusqu'à 4 litres d'eau !

Le rafflesia géant

Cette plante énorme reste cachée sous terre jusqu'à la floraison. Seule sa fleur dépasse du sol.

Celle-ci atteint 1 m de diamètre et pèse jusqu'à 10 kg (c'est le poids d'un petit chien !).

La plupart des fleurs sentent bon… mais pas celle du rafflesia, qui dégage une odeur de viande avariée.

Le rafflesia géant pousse en Asie.

L'arbre à saucisses

La fleur, d'un rouge vif magnifique, éclôt au coucher du soleil pour une nuit seulement. Elle pend au bout d'une longue tige à laquelle s'accrochent les chauves-souris venues se nourrir de son nectar et de son pollen.

Le nectar est un liquide que l'on trouve dans la fleur.

Au matin, les fleurs tombent au sol. Des fruits étranges, tout en longueur, se développent à leur place. Une fois mûrs, ils ressemblent à des saucisses d'un mètre !

On peut voir des arbres
à saucisses en Afrique.

Il pousse en Asie,
en Amérique du Sud
et en Afrique.

Le figuier étrangleur

Il commence sa vie comme une liane, avant de devenir un arbre !

Tout d'abord, une graine de figue est abandonnée dans la canopée par un singe, un oiseau ou une chauve-souris. Une tige, prolongée de feuilles, se déploie ensuite le long de l'arbre jusqu'à sa cime, pour capter la lumière. En même temps, des racines poussent vers le bas. Reliées à la terre, les lianes deviennent de plus en plus épaisses et fortes. Elles forment un tronc enroulé autour de l'arbre qui leur sert de support.

Le vieil arbre dépérit, meurt puis finit par se décomposer. Le figuier étrangleur l'a tué pour prendre sa place !

Les animaux tropicaux

La forêt équatoriale grouille de petites et grosses bêtes, qui rampent ou volent, grognent ou hurlent !

Proies et prédateurs

Ces divers animaux dépendent les uns des autres pour se nourrir. On appelle « prédateurs » les chasseurs, et « proies » les chassés.

La plupart d'entre eux possèdent des moyens de défense efficaces. Certains se fondent dans le paysage, grâce à leurs couleurs. On dit qu'ils

Les singes rouges Colobus.

se camouflent. Le prédateur pour ne pas être repéré, la proie pour ne pas être détectée.

La peau de ce lézard, appelé gecko, se confond avec les rochers et la terre.

Quelques insectes prennent l'apparence de plantes. Ils restent parfaitement immobiles et leurs prédateurs passent à côté d'eux sans les voir.

Cette sauterelle a des ailes qui ont exactement la forme de feuilles.

À ton avis, c'est une brindille ou un insecte ?
(réponse : un insecte, le phasme).

43

D'autres animaux trompent leurs prédateurs en paraissant plus gros et plus effrayants qu'ils ne le sont en réalité. De nombreux papillons ont sur les ailes des marques semblables à de gros yeux. Lorsqu'ils déploient leurs ailes, les prédateurs croient avoir affaire à un animal dangereux et s'enfuient !

Papillon « Automeris Io ».

Les taches de ce papillon sont appelées ocelles.

Attention ! Les prédateurs eux aussi peuvent se camoufler. Ce reptile ressemble plus à une liane qu'à un serpent... jusqu'au moment où il se jette sur sa proie.

Créatures nocturnes

La forêt ne s'arrête pas de vivre la nuit, bien au contraire ! Certains animaux, dits « nocturnes », attendent le coucher du soleil pour sortir.

Ces créatures ont de gros yeux pour, la nuit, capter davantage de lumière.

Douroucouli ou singe-hibou.

Les chauves-souris vivent également la nuit. La forêt en compte plusieurs centaines d'espèces. Ces animaux ont par ailleurs un sens de l'odorat très développé qui leur permet de trouver les fruits et les fleurs dans l'obscurité.

Chauve-souris vampire.

La luciole et le taupin (une variété de scarabée) émettent des lueurs pour se reconnaître dans la nuit tropicale. Les scientifiques pensent qu'il s'agit aussi d'un moyen de communication.

Luciole.

Taupin.

Créatures aquatiques

Des rivières, peuplées de milliers d'espèces de poissons, traversent les forêts tropicales. Sur leurs berges se reposent serpents, crocodiles et lézards.

Les anacondas en Amérique du Sud attaquent les animaux venus boire à la rivière. Ils peuvent atteindre 9 m de long et peser 200 kg.

Les crocodiles peuvent mesurer jusqu'à 7 m de long.

Les piranhas, ces poissons carnivores, possèdent des dents aiguisées comme des lames de rasoir. Mais ils se nourrissent surtout de baies, de fruits, de graines et d'autres poissons.

Tourne la page pour faire la connaissance d'autres animaux étonnants.

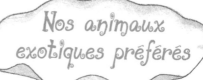

Les fourmis légionnaires

Ces insectes sont voraces ! Ils arpentent la forêt en troupe, telle une armée, à la vitesse de trente centimètres par minute. Et tant pis pour les araignées, les insectes et les petits animaux qui se trouvent sur leur route !

Même si ces fourmis ne mangent pas les êtres humains, Tom et Léa ont eu raison de les fuir car leur morsure est très douloureuse.

Les fourmis légionnaires vivent en Afrique et en Amérique du Sud.

Les mygales géantes vivent en Amérique du Sud.

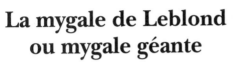

La mygale de Leblond
ou mygale géante

C'est l'une des plus grosses araignées au monde : jusqu'à 30 cm les pattes déployées (plus large qu'une assiette !).

Ses crochets, acérés et recourbés, mesurent à eux seuls 2 cm. Jeune, elle mange des insectes de tailles variées. Adulte, elle se nourrit de tout ce qu'elle peut attraper : insectes, grenouilles, rongeurs et même serpents.

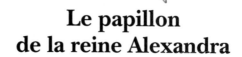

Le papillon
de la reine Alexandra

C'est le plus gros papillon du monde. Son envergure (largeur de ses ailes déployées) atteint 28 cm ! Il est magnifique, et aussi très dangereux : sa chair venimeuse rend malades ses prédateurs.

Le papillon de la reine Alexandra est très rare.
On ne l'observe qu'en Nouvelle-Guinée.

Le scarabée goliath

Imaginez un insecte aussi gros qu'une souris, muni de longues cornes et de six griffes tranchantes. C'est le scarabée goliath : il pèse 100 g et mesure jusqu'à 12 cm de long.

Chacune de ses six pattes est prolongée par un crochet qu'il utilise pour s'agripper au tronc des arbres. Une fois accroché à son support, il est presque impossible de le déloger !

Ce scarabée vit en Afrique.

La grenouille arboricole
aux yeux rouges

Elle chasse surtout la nuit, grâce à ses immenses yeux qui lui permettent de voir dans l'obscurité. Elle mange des mouches et autres insectes, et parfois une autre grenouille…

Grâce à ses doigts en forme de ventouses et gluants, elle se fixe aux troncs, aux branches ou aux feuilles.

Elle pond ses œufs sur les tiges des plantes qui surplombent les rivières. Une fois éclos, les têtards tombent directement dans l'eau !

La grenouille aux yeux rouges habite dans les forêts d'Amérique du Sud et d'Amérique centrale.

Arboricole veut dire « qui vit dans les arbres ».

La grenouille dendrobate ou « grenouille à flèche »

Minuscule (grande comme le pouce)… mais mortelle ! Sa peau contient un poison assez violent pour tuer une centaine de personnes… Autrefois, les Indiens d'Amazonie enduisaient la pointe de leurs flèches de poison en les frottant sur la peau des dendrobates.

Ses couleurs vives sont un avertissement pour les autres espèces. Attention danger !

Le dendrobate vit en Amérique du Sud et en Amérique centrale.

Le paresseux

Il porte bien son nom : c'est l'une des créatures les plus lentes au monde. Il lui faudrait une heure pour traverser ton salon !

Il possède de longues griffes recourbées assez impressionnantes. Il s'en sert pour se pendre aux branches. Le paresseux passe le plus clair de son temps la tête en bas… Végétarien, il ne mange que des feuilles.

On le trouve en Amérique du Sud et en Amérique centrale.

63

Le toucan

On en dénombre quarante espèces dans les forêts d'Amérique du Sud.

Le toucan a un immense bec coloré avec lequel il détache les baies et les fruits trouvés dans les arbres ou les buissons. Ce bec n'est pas aussi lourd qu'on pourrait le croire. Constitué d'une enveloppe fine, il est creux.

Toucan toco. _____

Pour dormir, le toucan tourne la tête sur le côté, pose son bec sur son dos et le recouvre de sa queue.

Toucan montagnard.

Le jaguar

Ce superbe gros chat (2 m pour 120 à 150 kg, le gabarit d'un joueur de rugby !) est un excellent grimpeur. Il se cache dans les arbres, guettant le passage des cerfs, cochons sauvages ou autres, et leur saute dessus.

Contrairement aux chats, il aime l'eau. Il parcourt les rivières à la nage, chassant les poissons, les tortues et même les crocodiles !

Malheureusement, lui aussi est chassé… par l'homme. Sa magnifique fourrure étant très appréciée, cet animal est aujourd'hui en voie de disparition.

Le jaguar vit en Amérique du Sud et en Amérique centrale. On ne sait pas combien il en reste, mais il est devenu très rare.

Le pangolin

Quelle bête étrange ! Son corps est couvert d'épaisses écailles, prolongé par un museau long et fin, dépourvu de dents. Ses pattes sont courtes, trapues et munies d'immenses griffes.

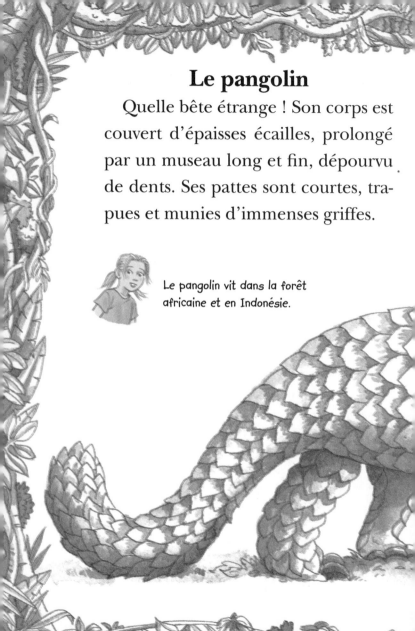

Le pangolin vit dans la forêt africaine et en Indonésie.

Lorsqu'il se sent menacé, il se roule en boule. Ainsi, ses écailles le protègent des attaques de ses prédateurs.

On l'appelle aussi « fourmilier à écailles », parce qu'il chasse les fourmis la nuit.

Ce chasseur du peuple Yanomami d'Amazonie pose avec son fils.

Les peuples de la forêt tropicale

Des milliers de personnes vivent dans les forêts tropicales. Depuis des siècles, ils y trouvent tout ce qu'il leur faut pour subsister.

La chasse et la cueillette

Les peuples de la jungle se regroupent habituellement en petites tribus. Pour survivre, ils chassent les animaux et recueillent les fruits et racines des plantes sauvages.

Les Mbuti, par exemple, vivent au cœur de la forêt de l'Ituri, au Congo (Afrique).

Les Mbuti manient avec habileté la lance et l'arc et, au moyen de filets en lianes tressées, piègent leurs proies : l'antilope, le cochon sauvage, le buffle, l'éléphant des forêts et le singe. Ils mangent la viande et fabriquent des outils et des vêtements avec les os et la peau.

Autrefois, les Mbuti chassaient afin de subvenir aux besoins de leur famille. Aujourd'hui, ils achètent des produits aux villageois vivant en bordure de la forêt.

Lorsque les hommes partent à la chasse, les femmes et les enfants sont chargés de récolter des racines, des noix, des fruits, des escargots, des termites et des fourmis. Parfois, ils pêchent des poissons ou des crabes.

Les Mbuti sont un peuple nomade : ils changent d'endroit fréquemment, à la recherche de nouveaux espaces. C'est le rôle des femmes et des enfants d'établir le campement. Ils sont capables de construire un village de huttes en quelques heures.

 Leurs huttes, faites de branchages, ressemblent à des ruches. Il y a très peu de place à l'intérieur.

Les Mbuti pratiquent la peinture sur bois. Les hommes arrachent l'écorce des arbres, la font tremper dans l'eau pour l'assouplir et l'aplatissent avec un marteau. Sur l'étoffe obtenue, les femmes peignent ensuite des motifs animaliers ou autres.

Peinture mbuti sur écorce.

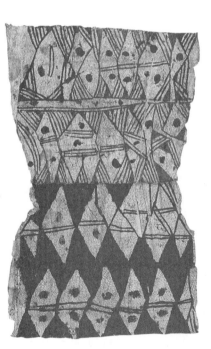

La musique tient une place importante dans la vie des Mbuti. Ils jouent du bâton de pluie et du tambourin, et chantent pendant la chasse, la récolte du miel ou la construction des huttes.

Pour eux, l'art et la musique sont une façon d'honorer le gardien de la forêt. En effet, ils croient en un esprit protecteur qui serait comme leur père. Ils se considèrent d'ailleurs comme les « enfants de la forêt » et n'oublient jamais de remercier celle-ci pour tous les présents qu'elle leur accorde.

L'agriculture

D'autres peuples de la jungle, en plus de la chasse et de la cueillette, cultivent la terre. Ils coupent des arbres et les brûlent pour dégager du terrain. Puis ils sèment des graines dans le sol fertilisé par les cendres.

Les plantations ne sont exploitées qu'un certain nombre d'années. Ensuite, les agriculteurs doivent changer d'endroit afin de laisser à la forêt une chance de repousser. Il faut attendre parfois vingt ans avant de pouvoir replanter.

Les Yanomami, un peuple d'Amazonie, entretiennent de petits jardins. Ils font pousser des bananes, de l'igname et des patates douces. Ils cultivent aussi du plantain, une grosse banane coriace, qu'ils font bouillir ou griller sur un feu de bois. Enfin, ils récoltent des noix, des champignons et du miel, chassent les oiseaux, attrapent des grenouilles et des insectes.

Les jeunes Yanomami
apprennent très tôt à chasser.

Leurs huttes sont faites de branchages et de feuilles de palmier. Elles
forment un grand cercle où les familles
se retrouvent à la nuit tombée pour
raconter des histoires sur le jaguar,
l'animal le plus craint de la forêt.

Durant des siècles, ces Indiens ont
vécu comme leurs ancêtres. Ils avaient
très peu de contacts avec le monde

extérieur. Mais, dans les années 1980, de l'or a été découvert à la frontière du Brésil et du Venezuela, en territoire yanomami. Des milliers de mineurs ont aussitôt envahi la région.

Ces chercheurs d'or ont rasé la forêt, construit des routes et bouleversé le mode de vie des Yanomami. Le bruit des avions et des machines a fait fuir les animaux. Les mineurs ont aussi introduit des maladies : la rougeole, la grippe, les oreillons.

Récemment, les gouvernements des pays sud-américains ont pris des mesures pour protéger les Indiens et leurs terres.

Tout comme les Mbuti, les Yanomami vivent en harmonie avec la forêt depuis très longtemps. Ils considèrent que la nature est une force vivante qu'il faut aimer et respecter.

Les peuples des forêts tropicales ont beaucoup à nous enseigner. Par exemple, ils connaissent le secret des plantes, celles qui tuent, ou celles qui sauvent.

Surtout, ils savent exploiter la forêt sans la détruire.

Grandir dans la forêt tropicale

Les enfants qui vivent dans la jungle doivent très tôt savoir se débrouiller dans cet univers hostile. Voici quelques leçons qu'ils doivent apprendre :

1. La nourriture : certaines plantes, certains animaux, sont venimeux. Les enfants ont appris à faire la différence entre ce qui est comestible et ce qui est dangereux.

2. La chasse, la cueillette et la cuisine : ce sont les filles qui sont chargées de récolter les plantes et de les cuisiner. Aux garçons, on enseigne les techniques de la chasse à la sagaie, à l'arc et au filet.

3. Les distractions : les peuples des forêts aiment raconter des histoires à la fin de la journée, chanter et danser. Les enfants apprennent de leurs parents les chants et les danses.

Les dons de la forêt

La jungle te semble sans doute un endroit lointain, un peu magique. Pourtant, tu es sans le savoir entouré de choses très ordinaires qui proviennent de là-bas.

Voyons… Pense à ce que tu as fait hier. As-tu mangé une banane ou une tomate ? Eh bien, ces deux fruits ont été découverts dans la forêt tropicale.

De même, la chaise sur laquelle tu es assis pour faire tes devoirs, et ton bureau sont peut-être fabriqués

Cabosses de cacao.

dans un bois exotique comme le teck, l'acajou et l'ébène...

Les pneus des bicyclettes ont été longtemps faits en caoutchouc, une matière élaborée à partir de la sève de l'hévéa, un arbre que l'on trouve dans la jungle.

Rassure-toi, tirer la sève d'un arbre ne le blesse pas !

Dis-moi
ce que tu manges…

De nombreux produits alimentaires nous viennent des tropiques : oranges, ananas, pamplemousses, avocats ; cannelle, poivre, muscade, vanille ; café, cacahouètes, noix de cajou, chicle (la gomme qui entre dans la fabrication du chewing-gum) et fèves de cacao (d'où l'on tire le chocolat).

Les cabosses du cacaotier contiennent des fèves.

Ces aliments familiers, aujourd'hui cultivés dans des fermes, poussaient à l'état naturel dans la forêt.

Les médicaments

Depuis des millénaires, les tribus des forêts tropicales se soignent à l'aide des plantes. Les scientifiques étudient ces dernières de près, dans l'espoir d'en tirer des traitements contre les maladies comme le paludisme et certains cancers.

La pervenche rose de Madagascar pousse dans la jungle africaine. Elle entre dans la composition de médicaments contre plusieurs types de cancers. D'autres plantes sont utilisées

Un quart des médicaments utilisés de nos jours provient des plantes tropicales.

Pervenche de Madagascar.

pour traiter les problèmes de cœur, de tension, d'estomac.

Grâce aux plantes tropicales, on espère un jour pouvoir guérir le sida et d'autres terribles maladies.

Le réchauffement climatique

L'air et la vapeur d'eau qui entourent la Terre forment l'atmosphère. Celle-ci est composée de plusieurs gaz : l'oxygène, indispensable à la respiration, l'azote et le dioxyde de carbone.

La couche de vapeur d'eau est comme un écran protecteur qui filtre les rayons du soleil. Mais un excès de cette vapeur dans l'atmosphère peut entraîner une augmentation de la température sur terre, ce qu'on appelle « l'effet de serre ».

Les arbres et les plantes ont besoin de lumière, d'eau et de dioxyde de carbone pour grandir. La végétation tropicale en consomme des quantités énormes, protégeant ainsi la planète et ses habitants du réchauffement climatique.

Cette protection est sans doute le cadeau le plus précieux de la jungle.

Les dons de la forêt

Nourriture - Médicaments

Bois - Caoutchouc

Protection contre le réchauffement de la planète

Et pour l'avenir…

Les scientifiques n'ont étudié qu'une petite partie des plantes et des animaux qui vivent dans la forêt tropicale.

Les fruits, les noix et autres aliments de la jungle aideront à mieux nourrir la population mondiale. De nouveaux médicaments pourraient être mis au point. Et, un jour peut-être, des carburants révolutionnaires chaufferont nos maisons et feront tourner nos voitures.

Une forêt dans ta cuisine

Café

Épices

Ananas

Le chocolat est produit à partir du fruit du cacaotier, qui provient d'Amazonie.

Sauver la forêt tropicale

La forêt tropicale est l'une des ressources les plus précieuses de la Terre. Pourtant, elle est aujourd'hui menacée de destruction.

On abat ses arbres par milliers sans les replanter. On dégage de larges clairières pour construire des routes et des habitations, cultiver la terre ou élever du bétail.

La moitié des forêts tropicales n'existe déjà plus. Chaque seconde, l'équivalent d'un terrain de football est rasé.

Les espèces, végétales et animales, qui vivent dans la forêt, sont adaptées

à ce milieu naturel. Quand celui-ci meurt, les plantes et les animaux disparaissent également.

Un peu d'écologie

Les écologistes sont les personnes qui étudient l'environnement et cherchent à le protéger.

Ils travaillent en accord avec les gouvernements des pays concernés, ainsi qu'avec les peuples de la forêt. Ils tentent de trouver des solutions pour exploiter la forêt sans la détruire.

Réserves naturelles

Ce sont des espaces protégés où l'État interdit de toucher aux plantes et aux animaux. Des réserves ont été créées un peu partout dans le monde.

Espèces en danger

Certains animaux de la jungle se font de plus en plus rares. C'est le cas du singe-araignée laineux, ou muriqui, au Brésil : il n'en reste plus que quelques centaines d'individus.

Lorsqu'un animal comme lui risque de disparaître, on dit qu'il est en voie d'extinction. Des lois existent pour protéger les espèces en danger. Malheureusement, elles sont trop souvent ignorées. Et, lorsque le dernier individu meurt, l'espèce s'éteint pour toujours.

Près de 95% de l'habitat du muriqui a été détruit.

Singe-araignée laineux.

Que peux-tu faire ?

On n'aime et on ne protège que ce que l'on connaît. Pour sauver la forêt tropicale, partage ce que tu as appris avec tes amis et ta famille. Parle-leur des dons précieux qu'elle nous fait chaque jour, des animaux et des plantes qui y vivent. Dis-leur à quel point cette forêt est importante pour la Terre.

Pour en savoir plus

Il te reste encore beaucoup à apprendre sur les habitants de la forêt tropicale. Complète tes connaissances en explorant d'autres pistes.

Les livres

Les librairies et les bibliothèques regorgent d'ouvrages sur ce milieu. Suis ces quelques conseils :

1. Tu n'es pas obligé de lire le livre en entier. Consulte la table des matières ou l'index pour aller directement à ce qui t'intéresse.

2. N'oublie pas de noter le titre pour pouvoir le retrouver facilement.

3. Ne te contente pas de recopier mot pour mot. Il est plus utile de résumer ce que tu as appris avec tes propres mots si tu veux t'en souvenir.

4. Assure-toi qu'il s'agit bien d'un ouvrage documentaire. De nombreux livres racontent des histoires inventées, qui ont pour décor la forêt tropicale. Ce sont des récits de fiction. Ils sont agréables à lire, mais pas très utiles pour tes recherches. Les ouvrages documentaires contiennent des informations vraies. Si tu n'es pas sûr que ton livre en est bien un, demande à un bibliothécaire ou à ton professeur de t'aider.

Voici quelques livres intéressants écrits récemment :

- Bertrand Fichou et Éric Gasté, *Au secours des forêts tropicales,* « Les Zékolos », Bayard, 2005.
- Josette Gontier, *La forêt tropicale,* « Explorama », Casterman, 2008.
- Jinny Johnson, *La forêt tropicale,* « L'œil de l'explorateur », Rouge et Or, 2008.
- Dorling Kindersley, *Au cœur des forêts tropicales,* « Pourquoi ? Comment ? », Gallimard, 2005.
- Fleur Stard, *24 heures dans la forêt tropicale,* « Pourquoi ? Comment ? », Gallimard, 2007.
- Giulia Valmachino, *Forêts tropicales,* « Doc animé », Fleurus, 2008.

Les musées

De nombreux musées d'histoire naturelle présentent des expositions consacrées à la faune et à la flore des forêts tropicales. Tu peux aussi observer les animaux de la jungle dans les parcs zoologiques.

Lorsque tu te rends dans un musée, n'oublie pas de :

1. Prendre un carnet. Note ce qui t'intéresse et dessine ce qui t'attire l'œil.

2. Poser des questions. Il y a toujours un membre du personnel du musée qui peut t'aider à t'orienter.

3. Consulter le calendrier des expositions temporaires ou des activités pour les enfants.

En France, voici les musées et parcs zoologiques qui possèdent des collections sur la forêt tropicale :

• Jardin des sciences de l'Arquebuse de Dijon (muséum, planétarium et jardin botanique)
1, avenue Albert Ier
21000 Dijon
Renseignements au 03 80 48 82 00
http://www.dijon.fr/fiche/le-jardin-des-sciences-museum-planetarium-jardin-botanique.dos.33/informations-pratiques
Une salle est consacrée aux oiseaux de la forêt tropicale.

• Parc zoologique d'Amnéville

1, rue du Tigre

Centre thermal et touristique

57360 Amnéville

Renseignements au 03 87 70 25 60

http://www.zoo-amneville.com

Ce zoo possède un magnifique

vivarium tropical.

• Parc de la Vallée des Singes

La Vallée des Singes

Le Gureau

86700 Romange

Renseignements au 05 49 87 20 20

http://www.la-vallee-des-singes.fr

- **Zoo de la Palmyre**

17570 Les Mathes

Renseignements au 08 92 68 18 48

http://www.zoo-palmyre.fr

- **Zoo de Lunaret**

50, avenue Agropolis

34090 Montpellier

Renseignements au 04 67 29 88 35

http://www.zoo.montpellier.fr

Tu n'es pas obligé de traverser l'Atlantique pour découvrir la forêt amazonienne. Si tu passes par Montpellier, visite la serre amazonienne du zoo de Lunaret. Elle contient plus de 3 500 plantes et 500 animaux !

- **Parc amazonien de Guyane**

http://www.parc-guyane.gf

Sais-tu que la France dispose d'une immense forêt équatoriale en Amérique du Sud, en Guyane française ? Depuis février 2007, ce département français a créé un parc protégé de plus de deux millions d'hectares (ce qui est l'équivalent de la moitié de la Suisse !). Là-bas, les scientifiques ont déjà recensé plus de 5 800 espèces végétales, 480 espèces de poissons d'eau douce, 186 espèces de mammifères, et plusieurs centaines de milliers d'espèces d'insectes.

Les films

Il existe plusieurs vidéos qui racontent la vraie vie des habitants des forêts tropicales.

En voici trois :

• *Les bébés animaux des forêts tropicales*, mk2, 2005

• *Forêt tropicale*, Alpamedia/Janus Diffusion, 2001

• *Jeunes marins reporters - Amazonie : les Indiens wayanas et la forêt tropicale*, Studio Welcome, 1997

Internet

Il existe de nombreux sites sur la forêt tropicale. Assure-toi qu'ils sont mis à jour régulièrement, c'est-à-dire qu'ils contiennent des informations revues et corrigées en fonction des recherches les plus récentes.

Voici les sites que Tom et Léa ont consultés. Demande à tes parents ou à ton professeur de t'aider à naviguer sur Internet.

• http://www.wwf.be/fr/juniors/doc/dossiers/dossier_forets-tropicales.htm (dossier du World Wild Fund).

• http://world.mongabay.com/francais-french/

Bonne découverte !

_____

_____

_____

_____

_____

_____

_____

_____

_____

_____

_____

_____

_____

_____

_____

_____

_____

_____

Index

Crédits iconographiques

p. I : toucan © Jupiterimages ; p. II : rainette aux yeux rouges © Jouan Catherine, Rius Jeanne/Jacana/Eyedea ; mygale de Leblond © Luquet Michel/Jacana/Eyedea ; papillon Automeris Io © Arndt Ingo/Jacana/Eyedea ; papillon de la reine Alexandra © Bristol City Museum/NPL/Jacana/Eyedea ; Malaysia.Wildlife. Pangolins © AFP/Jimin Lai ; mère et enfant Yanomami, Brésil, Amérique du sud © Cuboimages/Leemage ; p. III : cabosse de cacaotier © Angelo Cavalli/Age Fotostock/Hoa-Qui/Eyedea ; anaconda vert © Getty Images/Laura Wickenden ; grenouille dendrobate © Nicolas Cegalerba/Jacana/Eyedea ; singe-araignée laineux © Frans Lanting/Corbis ; p. IV : piranha à ventre rouge © Jupiterimages ; caïman à lunette avalant un piranha © Cordier Sylvain/Jacana/Eyedea ; enfants Yanomami, Brésil, Amérique du sud © Cuboimages/Leemage ; Fourmi légionnaire © Martin Dohrn/NPL/Jacana/Eyedea ; Ocelot © Jupiterimages ; Image de fond : canopée, Great Otway National Park, Australie © Catherine Jouan, Jeanne Rius/Jacana/Eyedea.

p. 27, 30, 43 (en haut), 44, 47 (en bas à gauche), 47 (en bas à droite), 86, 87 (à gauche), 87 (à droite) : © Dr James L. Castner ; p. 96 : © Ecoscene/Corbis ; p. 43 (en bas), 45, 47 (en haut) : © Michael et Patricia Fogden/Corbis ; p. 74 : peinture mbuti sur écorce, forêt Ituri, nord-est du Congo, collection d'Andres et Vanessa Moraga, Berkeley © Brian Forrest ; p.18 : © Franck Lane Picture Agency/Corbis ; p. 84 : © Owen Franken/Corbis ; p. 14 : © Darrell Gulin/Corbis ; p. 89 : © Chris Hellier/Corbis ; p. 29 : © Chris Johns/NGS Image Collection ; p. 26 : © Wolfgang Kaenier/ Corbis ; p. 28 : © Timothy Laman/NGS Image Collection ; p. 70 : © Robert Madden/NGS Image Collection ; p. 24, 77, 81 : © Michael Nichols/NGS Image Collection ; p. 16, 17, 46, 99 : © Kevin Schafer/ Corbis ; p. 40 : © Thomas T. Struhsaker ; p. 42 : © Heather K. Wittington.